CDカラオケ

シャンソンで覚えるフランス語-1

大野修平／野村二郎 編著

第三書房

JN236350

挿　絵： 飯　箸　　　薫
装　丁： 山　田　宗　宏

写真提供：

AFP＝時事（*p.9, 14, 21*）

㈶川喜多記念映画文化財団（*p.35, 39, 41*）

オーストリア政府観光局 / Weinhaepl W.（*p.48*）

本書の付録 CD

収　録：音楽（歌詞つき／カラオケ）

□内の数字は，CDのトラック番号です。

« Licence Éditions Pluriel / SPI France »

は　し　が　き

　友人や職場仲間たちとの集いで「ぜひ1曲」とお願いされることがありますね。そんな時，「では，フランス語で歌います」と言えたらカッコいいと思いませんか。みんなの羨望の的になるかもしれませんね。

　でもせっかく歌うなら，聴いている誰もが「いいな」と思ってくれるような，きちんとした発音で決めたいではありませんか。

　それを可能にするのが，このシャンソンカラオケCDつきの本書です。

　フランス語上達の道は，恥ずかしがらずに声に出してみることです。ここに収められているシャンソンに合わせて練習すれば，面白いように発音が身につきます。さあ，歌いましょう，フランス語で。

　野村二郎先生が実に要領を得た語義の注釈や文法解説を書いてくださいました。難しいと思われがちな文法も，こうしてシャンソンのなかで使われている実例を見ながら学んでいけば，すんなりと頭に入るのではないでしょうか。

　付録のカラオケには伴奏に合わせて歌手が歌っているヴォーカル・ヴァージョンと，インストゥルメンタル（演奏）ヴァージョンの2種類が収録されています。初めは歌手の歌に合わせて歌詞を歌うことから練習してみてください。自信がついてきたら，インストゥルメンタル・ヴァージョンをバックに練習の成果を思い切り発揮しましょう。

　このカラオケCDを持参すれば，どんなパーティー会場や集まりの席でも，お得意のレパートリーをその場にいる人たちに歌って聞かせることができるのです。

　なお，マルチヌ・カルトン先生に原詞と発音の確認にご協力いただきました。

大　野　修　平

日本音楽著作権協会〔出〕許諾第0214530-201号

HYMNE À L'AMOUR (p.6)

Word by Édith Piaf / Music by Marguerite Monnot
© 1949 by ÉDITIONS RAOUL BRETON
All rights reserved. Used by permission.
Authorized to NICHION, ING, for sale only in Japan.

LES FEUILLES MORTES (p.12)

Word by Jacques Prévert / Music by Joseph Kosma
© a) Publié avec l'authorisation de MM. ENOCH & Éditeurs propriétaires, Paris.
b) Paroles françaises de Jacques Prévert.
c) Copyright 1947 by ENOCH & Cie.
Rights for Japan sssigned to SUISEISHA Music Publishers, Tokyo.

PARLEZ-MOI D'AMOUR (p.16)

Word & Music by Jean Lenoir
© 1930, 1959 by SEMI SOCIÉTÉ
International copyright secured. All rights reserved.
Rights for Japan administered by HIGH NOTE PUBLISHING CO., LTD.

SOUS LE CIEL DE PARIS (p.30)

Word by Jean André Brun / Music by Hubert Adrien Giraud
© 1951 by SEMI SOCIÉTÉ
International copyright secured. All rights reserved.
Rights for Japan administered by HIGH NOTE PUBLISHING CO., LTD.

À PARIS, DANS CHAQUE FAUBOURG (p.36)

Word by René Clair / Music by Jean Grémillon, Maurice Jaubert
© ESCHIG MAX SOC
Assigned for Japan to BMG Funhouse Music Publishing, Inc.

目　次

◎ 1	*Hymne à l'amour*	（歌詞つき）*	3' 34"	p.6
◎ 2	「愛の讃歌」	（カラオケ）	3' 35"	
◎ 3	*Les feuilles mortes*	（歌詞つき）	5' 33"	p.12
◎ 4	「枯葉」	（カラオケ）	5' 31"	
◎ 5	*Parlez-moi d'amour*	（歌詞つき）	2' 22"	p.16
◎ 6	「聞かせてよ愛の言葉を」	（カラオケ）	2' 38"	
◎ 7	*Le temps des cerises*	（歌詞つき）	3' 10"	p.22
◎ 8	「桜んぼの実る頃」	（カラオケ）	3' 11"	
◎ 9	*Plaisir d'amour*	（歌詞つき）	3' 26"	p.26
◎ 10	「愛の歓び」	（カラオケ）	3' 29"	
◎ 11	*Sous le ciel de Paris*	（歌詞つき）*	2' 59"	p.30
◎ 12	「パリの空の下」	（カラオケ）	3' 01"	
◎ 13	*À Paris, dans chaque faubourg*	（歌詞つき）*	3' 02"	p.36
◎ 14	「パリ祭」	（カラオケ）	3' 00"	
◎ 15	*Au clair de la lune*	（歌詞つき）	2' 10"	p.42
◎ 16	「月明かりで」	（カラオケ）	2' 07"	
◎ 17	*Douce nuit*	（歌詞つき）	2' 35"	p.46
◎ 18	「きよしこの夜」	（カラオケ）	2' 26"	

発音の基礎 p.50

ミニ文法 p.53

　　＊印の曲（ 1 11 13 ）は，右チャンネルに歌，左チャンネルに演奏が分かれて収録
　　されています。

（歌詞つき） （カラオケ）

Hymne à l'amour

Paroles : Édith Piaf. Musique : Marguerite Monnot

　　Le ciel bleu sur nous peut s'effondrer
　　Et la terre peut bien s'écrouler
　　Peu m'importe* si tu m'aimes
　　Je me fous* du monde entier*.
5 Tant que* l'amour inondera mes matins
　　Tant que mon corps frémira sous tes mains
　　Peu m'importe les problèmes,
　　Mon amour*, puisque tu m'aimes.

　　J'irais* jusqu'au bout du monde
10 Je me ferais* teindre en blonde
　　Si tu me le* demandais*.
　　J'irais décrocher la lune
　　J'irais voler la fortune
　　Si tu me le demandais.

15 Je renierais* ma patrie
　　Je renierais mes amis
　　Si tu me le demandais.
　　On peut bien rire de* moi
　　Je ferais* n'importe quoi*
20 Si tu me le demandais.

6

Hymne à l'amour

Si un jour la vie t'arrache à* moi,
Si tu meurs*, que* tu sois* loin de moi,
Peu m'importe si tu m'aimes,
Car moi, je mourrai* aussi.
5 Nous aurons* pour nous l'éternité
Dans le bleu de toute l'immensité
Dans le ciel, plus de problèmes* :
Mon amour, crois*-tu qu'on s'aime ?

Dieu réunit ceux* qui s'aiment !

愛の讃歌

作詞：エディット・ピアフ　作曲：マルグリット・モノー

　　青空が私たちの上に崩れ落ちるかもしれない
　　大地がめちゃめちゃに壊れるかもしれない
　　あなたが私を愛してくれるなら　どうでもいいの
　　世の中の事なんか　関係ないわ
5　愛が私の朝を満たしてくれる限り
　　あなたの手の中で　私の体が震える限り
　　悩み事なんて　どうでもいいの
　　愛しい人　あなたに愛されているのだから

　　世界の果てまで　行ってしまうわ
10　髪を金色に染めてしまうわ
　　もし　あなたが　私にそれを望むのなら
　　お月様だって取りに行くでしょう
　　宝物だって盗みに行くでしょう
　　あなたが　私にそれを望むのなら

15　祖国だって捨ててしまうわ
　　友達だって捨ててしまうわ
　　もし　あなたが　私にそれを望むのなら
　　みんな　私のことを笑うでしょうね
　　私は　何でもするでしょう
20　あなたが　私にそれを望むのなら

Hymne à l'amour

　いつか人生が　私からあなたを引き離しても
　あなたが死んでしまっても，私から遠ざかってしまっても
　あなたが私を愛してくれるなら　どうでもいいの
　この私だって　死ぬのでしょうから
5　私たちは　二人のための永遠の世界を手に入れるの
　広大な青空の中で
　もう悩み事のない空で
　愛しいあなた　私たち愛し合っているわね

　神様は　愛し合う人たちを結び付けて下さるわ

エディット・ピアフ

Notes

頁	行	◆ [ ]内は，歌詞中の動詞の法・時制などを示します。
6	3	**peu m'importe：** 私には大したことではない
	4	**me fous：** se foudre de… ～を問題にしない
		monde entier： 世界中
	5	**tant que：** 〈tant que + 直説法〉～する限り
	8	**mon amour：** 〔呼びかけ〕あなた
	9	**irais：** aller 行く［条件法現在形］
	10	**me ferais：** 〈se faire + 不定詞〉～してもらう［条件法現在形］
	11	**le：** それ（文を受ける中性代名詞）
		demandais： demander 求める［直説法半過去形］
	15	**renierais：** renier（信仰などを）捨てる［条件法現在形］
	18	**rire de：** rire de… ～をあざ笑う
	19	**ferais：** faire 行う［条件法現在形］
		n'importe quoi： 何でも
7	1	**t'arrache à：** 〈arracher (人) à (人)〉人から人を引き離す
	2	**meurs：** mourir 死ぬ［直説法現在形］
		que： si の代用の〈que + 接続法〉
		sois： être ～です［接続法現在形］
	4	**mourrai：** mourir 死ぬ［直説法単純未来形］
	5	**aurons：** avoir 持つ［直説法単純未来形］
	7	**plus de problèmes：** 〈il n'y a plus de + 名詞〉の省略文
	8	**crois：** croire ～だと思う［直説法現在形］
	9	**ceux：** 人びと

ピアフとセルダンの往復書簡集
『*Moi pour Toi*（あなたのための私）』

Hymne à l'amour

解説

　誰からも愛された"シャンソンの貴婦人"エディット・ピアフ（1915〜63）は1946年，ボクサーのマルセル・セルダン（1916〜49）に出会い，恋に落ちます。

　当時セルダンには妻子があったので，二人の仲は不倫関係でした。彼は1948年にミドル級の世界チャンピオンになります。フランス人たちは国民的英雄である二人を責めたりはしませんでした。

　2002年1月にフランスで刊行されたピアフとセルダンの往復書簡集『*Moi pour Toi*（あなたのための私）』に，このシャンソンの誕生を示唆するエピソードが載っています。

　1949年6月12日付のピアフの手紙に，「シャンソンをひとつ完成しました。イヴェットが録音することになっています」とあります。どうやらこれが「愛の讃歌」を指すようです。イヴェットとは，シャンソン歌手イヴェット・ジロー（1922〜）で，彼女がこの歌を創唱することになっていたのでした。

　マルセル・セルダンは1949年10月27日，ピアフの待つニューヨークに向かう飛行機が事故を起こして墜落，帰らぬ人となります。

　恋人の訃報を聞いたその日も，ピアフはヴェルサイユというクラブに出演しなければなりませんでした。

　「今日はマルセル・セルダンのために歌います。」ステージの始まる前にそう言います。6曲目が「愛の讃歌」でしたが，途中で倒れこんでしまいました。あまりの悲しみに耐えきれなかったのでしょう。1950年1月のことでした。

　そうしたことがあって，ピアフはイヴェット・ジローにこの歌を発売するのをやめるように頼みました。「私が一生歌い続けるから」と告げたそうです。

 ③ (歌詞つき)　④ (カラオケ)

Les feuilles mortes

Paroles : Jacques Prévert. Musique : Joseph Kosma

Oh !* je voudrais* tant que tu te souviennes*
Des jours heureux où nous étions* amis,
En ce temps-là* la vie était plus belle
Et le soleil plus brûlant qu'aujourd'hui.
5 Les feuilles mortes se ramassent à la pelle*,
Tu vois*, je n'ai pas oublié…
Les feuilles mortes se ramassent à la pelle,
Les souvenirs et les regrets aussi.
Et le vent du Nord les emporte
10 Dans la nuit froide de l'oubli.
Tu vois, je n'ai pas oublié
La chanson que tu me chantais.

C'est une chanson qui nous ressemble,
Toi, tu m'aimais et je t'aimais
15 Nous vivions* tous les deux* ensemble
Toi qui m'aimais, moi qui t'aimais

Mais la vie sépare ceux qui s'aiment
Tout* doucement, sans faire de bruit*
Et* la mer efface sur le sable   } {*bis*}*
20 Les pas des amants désunis.

12

Les feuilles mortes

枯葉

作詞：ジャック・プレヴェール　作曲：ジョゼフ・コスマ

　　Oh！　きみにどうしても思い出してもらいたい
　　僕たちが仲良しだった頃の幸せな日々を
　　あの頃　人生は　もっと素晴らしかった
　　太陽も　今よりもっと熱く燃えていた
5　枯葉が　たくさん集められている
　　ほらね，僕は忘れていないよ…
　　枯葉が　たくさん集められている
　　思い出と心残りも一緒に
　　そして　北の風が　それらを運び去っていく
10　忘却の夜の冷たさの中に
　　ほらね，僕は忘れていないよ
　　きみが歌ってくれた　この歌を

　　この歌は　僕たちに似ている
　　きみは，僕を愛し　僕はきみを愛していた
15　僕たちは　ふたり一緒に暮らしていた
　　きみは僕を愛し，僕はきみを愛していた

　　けれど　人生は愛し合うふたりを引き離す
　　とても穏やかに，ひっそりと　　　　　　　（くり返し）
　　そして　海が　砂の上を洗い流すのは
20　別れた恋人たちの足跡

Notes

12   1   **Oh !：** 本書 CD では歌われていません。
          voudrais： vouloir 欲する［条件法現在形］
          te souviennes： se souvenir de… 〜を思い出す［接続法現在形］
    2   **étions：** être いる［直説法半過去形］
    3   **en ce temps-là：** その時代に
    5   **à la pelle：** ふんだんに；シャベルで
    6   **tu vois：** （挿入句として）ね；いいですか
   15   **vivions：** vivre 生活する［直説法半過去形］
          tous les deux： ふたつ（人）とも
   18   **tout：** （副詞）まったく
          faire de bruit： faire du bruit 音をたてる（否定の影響を受けて de）
          {*bis*}： 本来は 13 行目から 20 行目までをルフラン（くり返し句）と呼びます。ただし，本書 CD では 17 行目から 20 行目までが 2 回くり返して歌われています。
   19   **et：** 本書 CD では 1 回目は mais と歌っています。

イヴ・モンタン

Les feuilles mortes

解説

　ローラン・プティが1945年に公演したバレエ『ランデヴー』のなかで，パ・ド・ドゥの曲として使われたのがこのメロディーでした。作曲者はジョゼフ・コスマ（1905～69）。

　マルセル・カルネ監督の映画『夜の門』（1946）の脚本を書いた詩人のジャック・プレヴェール（1900～77）はそのメロディーにインスパイアされ，歌詞を書いたのでした。

　映画の主演男優は25歳のイヴ・モンタン（1921～91），主演女優はナタリー・ナティエ。後にシャンソン歌手としても活躍する若きセルジュ・レジアニも出演しています。「運命」を擬人化して狂言回し役を演じたのはジャン・ヴィヤールでした。

　映画は決して成功を収めたとは言えませんけれども，この曲はコラ・ヴォケール（1921～），ジュリエット・グレコ（1927～）などもレパートリーに加えるようになり，世界的ヒットとなりました。

　監督のマルセル・カルネが残した手記に「枯葉」誕生のエピソードが綴られています。初めに予定されていた主演はジャン・ギャバンとマレーネ・ディートリッヒという大スターでした。ところが条件が折り合わずに，彼らはこの仕事から身を退きます。

　まだ彼らが出演することになっていた頃の話です。ギャバンとカルネはコスマがピアノで弾くメロディーを繰り返し何度も聴いていました。ある時ふと，あの冒頭のフレーズがコスマの指から穏やかに生み出されました。ノスタルジックで魅力的なあのメロディーが。

　弾き終わるとギャバンは「もう一度弾いてくれ」と言いました。食事中にもコスマは10回ピアノを弾きます。プレヴェールも幸せそうにしていたそうです。彼に向かってギャバンは「極上だな」と言ってうなずいてみせたのでした。

15

（歌詞つき） 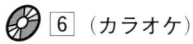（カラオケ）

Parlez-moi d'amour

Paroles & Musique : Jean Lenoir

{*Refrain:*}
Parlez-moi d'amour*,
Redites*-moi des choses tendres.
Votre beau discours,
5 Mon cœur n'est pas las de* l'entendre.
Pourvu que* toujours
Vous répétiez* ces mots suprêmes :
Je vous aime.

Vous savez* bien
10 Que dans le fond je n'en crois* rien
Mais cependant je veux encore
Écouter ce mot que j'adore.
Votre voix aux sons caressants
Qui le murmure en frémissant*
15 Me berce de* sa belle histoire
Et malgré moi* je veux y croire*.

{*Refrain*}

Parlez-moi d'amour

Il est* si doux,
Mon cher trésor*, d'être un peu fou.
La vie est parfois trop amère
Si l'on* ne croit pas aux chimères*.
5 Le chagrin est vite apaisé
Qui se console d'*un baiser.
Du cœur on guérit la blessure
Par un serment qui le rassure.

{*Refrain*}

聞かせてよ愛の言葉を

作詞・作曲：ジャン・ルノワール

ルフラン
　愛の言葉をささやいて
　もう一度聞かせて　やさしい言葉を
　あなたの素敵なお話
5　わたしの心は　それを聞くことに飽きたりしない
　お願い　いつも
　この上なく魅力的なこの言葉を繰り返して
　きみを愛しているって

　あなた　よく分かっているでしょう
10　わたしが心底からそれを信じていないのを
　けれど　わたしはもう一度
　大好きなこの言葉を聞きたいの
　愛撫するように響くあなたの声は
　その言葉を　震えながらささやく
15　美しいお話で　わたしの心を魅了するわ
　心ならずも　わたしはそれを信じたくなるの

　ルフラン

Parlez-moi d'amour

 とても心地よいものよ
 わたしの大切な人，すこしは羽目をはずすのも
 人生は　時にあまりにも辛い
 もし　わたし達がまさかの夢を信じていないなら
5 悲しみは　すぐにいやされ
 一度の口づけで慰められるの
 心の傷を癒してくれるのは
 心を落ち着かせてくれる　誓いの言葉よ

 ルフラン

Notes

16　2　**parlez-moi d'amour :** 〈parler de + 無冠詞名詞〉～という言葉を用いる

　　3　**redites :**　redire くり返し言う［命令法現在形］

　　5　**las de :**　las de... ～にうんざりした

　　6　**pourvu que :**　〈pourvu que + 接続法〉～でありさえすれば

　　7　**répétiez :**　répéter くり返す［接続法現在形］

　　9　**savez :**　savoir 知っている［直説法現在形］

　　10　**en crois :**　en croire ～を信じる［直説法現在形］

　　14　**en frémissant :**　frémir 震える［ジェロンディフ］

　　15　**berce de :**　bercer (人) de... ～で人を揺する

　　16　**malgré moi :**　私の心ならずも
　　　　y croire :　croire à...（～の真実性のあることを）信じる。< croire à sa belle histoire（y は à sa belle histoire を受ける代名詞）

17　1　**il est :**　〈il est + 形容詞 + de...〉...が～です

　　2　**mon cher trésor :**　［呼びかけ］私のいとしい最愛の人

　　4　**l'on :**　si, que, où などの後で，on は l'on となることがあります。
　　　　chimères :　空想；妄想

　　6　**se console d' :**　se console de... ～から立ち直る

Parlez-moi d'amour

解説

女性歌手リュシエンヌ・ボワイエ (1903〜83、本名はエミリエンヌ=アンリエット・ボワイエ) の大ヒット曲として有名です。作詞・作曲者は映画監督とは別人のジャン・ルノワール。

リュシンヌ・ボワイエは演劇に憧れましたが、1924年にシェ・フィシェルというキャバレに出演するようになりました。ここに出演していた先輩のイヴォンヌ・ジョルジュ

リュシエンヌ・ボワイエ

(1896〜1930) にルノワールを紹介され、このシャンソンを歌うことになったのです。

この緩やかで優しいメロディーとテンポの曲が流行った1930年、創唱者であるボワイエのためにディスク大賞が作られました。

シャンソン・フランセーズとしては珍しく、大西洋を越えてアメリカでもヒットしたのは、ボワイエが何度も公演に出かけたからです。1934年にはこの歌の英語歌詞 « Speak to me of love » まで作られたほどでした。

もっとも、彼女はどこに行っても「聞かせてよ愛の言葉を」をリクエストされるのにうんざりして「別のことを言って」« Parle-moi d'autres choses ! » と言ったとか。そのタイトルのシャンソンも録音しています。

21

 7 （歌詞つき）　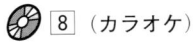 8 （カラオケ）

Le temps des cerises

Paroles : Jean-Baptiste Clément. Musique : Antoine Renard

Quand nous chanterons* le temps des cerises,
Et gai rossignol et merle moqueur*
Seront tous* en fête* !
Les belles* auront la folie en tête*
5 Et les amoureux du soleil au cœur !
Quand nous chanterons le temps des cerises,
Sifflera bien mieux le merle moqueur !

Mais il est bien court le temps des cerises,
Où l'on s'en va* deux cueillir en rêvant
10 Des pendants d'oreilles…
Cerises d'amour aux robes pareilles,
Tombant* sous la feuille en gouttes de sang*…
Mais il est bien court le temps des cerises,
Pendants de corail qu'on cueille en rêvant !

15 J'aimerai toujours le temps des cerises,
C'est de ce temps-là* que* je garde au cœur
Une plaie ouverte…
Et Dame Fortune*, en m'étant offerte*
Ne pourra* jamais* fermer ma douleur…
20 J'aimerai toujours le temps des cerises
Et le souvenir que je garde au cœur !

Le temps des cerises

桜んぼの実る頃

作詞：ジャン=バティスト・クレマン　作曲：アントワーヌ・ルナール

　桜んぼの実る頃を歌う時
　そして陽気なナイチンゲールとマネツグミが
　みな大喜びする時
　美しい女性たちは常軌を逸したことを考えるでしょう
5　そして恋人たちは心に太陽を抱くでしょう
　桜んぼの実る頃を歌う時
　マネツグミはもっときれいにさえずるでしょう

　けれど　桜んぼの実る頃は　とても短い
　夢を見ながら　恋人ふたりで摘みに行くのは
10　耳飾り
　お揃いのドレスをまとった愛の桜んぼは
　血の滴りのように　木の葉の陰に落ちている…
　けれど　桜んぼの実る頃は　とっても短い
　夢を見ながら　ふたりが摘むのは珊瑚色の耳飾り

15　僕は　いつでも桜んぼの実る頃を愛するでしょう
　あの時から　僕の心に秘めるのは
　開いたままの傷
　運命の女神が僕のもとを訪れたとしても
　傷の痛みを決して和らげられないでしょう…
20　僕は　いつでも桜んぼの実る頃を愛するでしょう
　そして　心に秘めた　この思い出も

Notes

22   1   **chanterons :**   chanter 歌う［直説法単純未来形］

      2   **merle moqueur :**   ものまね鳥（アメリカつぐみの一種）

      3   **tous :**   みな（発音は [tus]）

         seront… en fête :   être en fête 大喜びしている［直説法単純未来形］

      4   **les belles :**   美女

         auront… en tête :   avoir… en tête 〜を頭に抱く［直説法単純未来形］

      9   **s'en va :**   s'en aller 立ち去る［直説法現在形］

     12   **tombant :**   tomber 落ちてくる（ところの）［現在分詞］

         en gouttes de sang :   血の滴りとなって

     16   **de ce temps-là :**   その時から

         c'est… que :   〈c'est… que 〜〉〜なのは…です（強調構文）

     18   **Dame Fortune :**   （古代ギリシャの豊角を手にする）運命の女神

         en m'étant offerte :   être offert 捧げられる［ジェロンディフ］

     19   **pourra :**   pouvoir できる［直説法単純未来形］

         ne… jamais :   決して…ない

もともと3番目の歌詞は以下のとおりでした。

Quand vous en serez au temps des cerises,	桜んぼの実る頃になって
Si vous avez peur des chagrins d'amour,	恋の痛みを恐れるなら
Évitez les belles.	美しい女たちを避けなさい
Moi qui ne crains pas les peines cruelles,	耐えがたい苦しみをいとわない僕は
Je ne vivrai point sans souffrir un jour…	一日だって苦しまずに暮らすことないでしょう…
Quand vous en serez au temps des cerises,	桜んぼの実る頃になって
Vous aurez aussi des peines d'amour !	あなた方も　恋の苦しみを味わうでしょう

Le temps des cerises

解説

　作詞をしたのはジャン＝バティスト・クレマン（1836〜1903）で，アントワーヌ・ルナールが作曲しました。クレマンは1866年に歌詞を書き，元オペラ歌手のルナールは1868年になって曲をつけました。その時，歌詞は3番までしかありませんでした。（本書CDではこの歌詞は省かれています。Notes 参照）

　実はこの歌には悲しくまた美しい思い出が刻み込まれています。

　1871年3月28日，世界で初めて労働者階級が政権を取った自治政府パリ・コミューンが成立します。しかし，その命は長くありませんでした。

　5月21日から28日にかけて，ヴェルサイユに本拠を置く国民議会軍はコミューン連盟兵と一般市民の虐殺を始めます。連盟兵たちはパリの街頭のあちこちにバリケードを作って戦いました。28日，フォンテーヌ・オ・ロワ通りにあったバリケードに20歳くらいの看護婦が姿を現わします。手には桜んぼの入った籠を持っていたと言われます。危険をも顧みず，彼女は傷ついた兵士の手当てをしました。

　やがて，約200名の連盟兵たちは国民議会軍によって，パリ東地区のペール・ラシェーズ墓地に追い詰められます。激しい白兵戦の後，147名が捕虜となり，墓地北東の壁の前で銃殺されます。そこはいまも「連盟兵の壁」として残っています。

　コミューン評議員でもあったクレマンは後に「桜んぼの実る頃」に4番目の歌詞を書き加えました。「僕の心には　あの時から開いたままの傷がある...」。そして，この歌はあの看護婦ルイーズに捧げられたのでした。

　クレマンの墓はちょうど「連盟兵の壁」を見守るような位置に建てられています。

 ⑨ (歌詞つき)　　⑩ (カラオケ)

Plaisir d'amour

Paroles : Jean-Pierre Claris de Florian.
Musique : Jean-Paul Martini

Plaisir d'amour ne dure qu'*un moment,
Chagrin d'amour dure toute la vie.

Tu m'as quittée* pour la belle Sylvie,
Elle te quitte pour un autre amant.*

5 Plaisir d'amour ne dure qu'un moment,
Chagrin d'amour dure toute la vie.

« Tant que cette eau coulera doucement
Vers ce ruisseau qui borde la prairie,

Je t'aimerai », te répétait Sylvie.*
10 L'eau coule encore, elle a changé pourtant.

Plaisir d'amour ne dure qu'un moment,
Chagrin d'amour dure toute la vie.

Plaisir d'amour

愛の歓び

作詞:ジャン゠ピエール・クラリス・ド・フロリアン
作曲:ジャン゠ポール・マルティニ

愛の歓びは　つかの間でも
恋の痛みは一生続くもの

あなたは　美しいシルヴィーのために　私を捨てた
彼女はあなたのもとから去って　別の恋人に

5 愛の歓びは　つかの間でも
恋の痛みは一生続くもの

「この水が　ゆっくりと　流れている限り
牧場に沿うあの小川の方へと

私はあなたを愛するわ」　シルヴィーはあなたに繰り返していた
10 水は　まだ流れている，なのに彼女は変わってしまった

愛の歓びは　つかの間でも
恋の痛みは一生続くもの

Notes

26   1   **ne… qu'**: 〈ne… que ～〉～しか…ない

     3   **as quittée**: quitter（人と）別れる。過去分詞 quitté は me（女性単数形）に一致。[直説法複合過去形]

     4   **Elle te quitte pour un autre amant.**: Elle te quitte *et prend* un autre amant. という歌詞もあります。

     9   **« Je t'aimerai », te répétait Sylvie.**: Sylvie te répétait : « Je t'aimerai. » が平叙文の語順ですが，dire「言う」，demander「求める」など，本来文頭に置かれるべき伝達動詞を含む文が，文の後に置かれると倒置文になります。

歌い手が男性か女性かによって，歌詞が若干変わります。男性が歌う場合，3-4行目は次のようになります。

J'ai tout quitté pour l'ingrate Sylvie,   私は　あの恩知らずのシルヴィーのためにすべてを捨てた

Elle me quitte et prend un autre amant.   彼女は私のもとから去って　別の恋人に走る

また，9行目の te「あなたに」は，me「私に」に変わり，« me répétait Sylvie »「シルヴィーは私に繰り返していた」となります。

Plaisir d'amour

解説

　この歌のような形式をロマンスと呼びます。スタンス（詩節）に分たれ，簡潔で軽やかな詩句で書かれた，素朴でほろりとさせる主題を持つ歌の総称です。18世紀のフランスで大流行しました。

　1785年，ジャン＝ピエール・クラリス・ド・フロリアン（1755～1794）が書いた小説『ラ・セレスティーヌ』を読んだジャン＝ポール・マルティニ（1741～1816）が感銘を受け，作曲の筆を執ったものです。

　ドイツ生まれのマルティニは，元の名前をヨハン・パウル・シュヴァルツェンドルフといい，ノイブルクで10歳の時からオルガニストを務めるほどの才能の持ち主でした。1760年に父親が再婚し，自分が望まれた存在でないと知ってドイツを離れる決意をしました。フランス東部の町ナンシーに赴き，スタニスラス王の宮廷で厚遇されるようになりフランスに帰化します。

　牧場の緑やその周囲を流れる小川など，牧歌的な舞台装置が揃っています。この歌の主人公は羊飼いと考えることもできるでしょう。

　彼を取り巻く自然は何も変わらないのに，恋人の心だけが変わってしまった，という慨嘆が聞かれます。「月やあらぬ春やむかしの春ならぬわが身ひとつはもとの身にして」と歌った，在原業平の心境にも相通ずるものがあるように思われます。

 11 (歌詞つき)　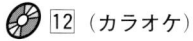 12 (カラオケ)

Sous le ciel de Paris

Paroles : Jean-André Brun.　Musique : Hubert Giraud

Sous le ciel de Paris
S'envole une chanson. (*Hum* Hum*)
Elle est née* d'aujourd'hui
Dans le cœur d'un garçon.
5 Sous le ciel de Paris
Marchent des amoureux, (*Hum Hum*)
Leur bonheur se construit*
Sur un air fait pour eux.

Sous le pont de Bercy*
10 Un philosophe assis,
Deux musiciens, quelques badauds,
Puis les gens par milliers*,
Sous le ciel de Paris
Jusqu'au soir vont chanter (*Hum Hum*)
15 L'hymne d'un peuple épris*
De sa vieille cité.

Près de Notre-Dame*
Parfois couve* un drame.
Oui, mais à Paname*
20 Tout* peut s'arranger.
Quelques rayons du ciel d'été,
L'accordéon d'un marinier*,
L'espoir fleurit
Au ciel* de Paris.

30

Sous le ciel de Paris

Sous le ciel de Paris
Coule un fleuve joyeux. (*Hum Hum*)
Il endort dans la nuit
Les clochards et les gueux.
5 Sous le ciel de Paris
Les oiseaux* du Bon Dieu* (*Hum Hum*)
Viennent du monde entier
Pour bavarder entre eux.

Et le ciel de Paris
10 A son secret pour lui
Depuis vingt siècles il est épris
De notre Île Saint-Louis*.
Quand elle* lui sourit
Il met son habit bleu. (*Hum Hum*)
15 Quand il pleut* sur Paris
C'est qu'*il est malheureux.

Quand il est trop jaloux
De ses millions d'amants, (*Hum Hum*)
Il fait gronder* sur nous
20 Son tonnerre éclatant.
Mais le ciel de Paris
N'est pas longtemps cruel, (*Hum Hum*)
Pour se faire pardonner*
Il offre un arc-en-ciel.

パリの空の下

作詞：ジャン゠アンドレ・ブラン　作曲：ユベール・ジロー

　パリの空の下で
　一曲のシャンソンが流れている（*Hum Hum*）
　このシャンソンは　今日から生まれたのです
　少年の心に
5　パリの空の下で
　恋人たちは歩いている（*Hum Hum*）
　彼らの幸せは築かれる
　ふたりにぴったりのメロディーに乗せて

　ベルシーの橋の下で
10　哲学者がひとり腰掛け
　楽師がふたり　何人かの野次馬たち
　それに　大勢の人たちが
　パリの空の下に
　夕方まで歌いに来るでしょう（*Hum Hum*）
15　古い街に
　心奪われた人たちの讃歌を

　ノートルダムの近くでは
　時折　悲劇的事件が潜んでいる
　そう　だって　パリだもの
20　すべてがうまくいくでしょう
　いく筋かの光は夏の空から
　アコーデオンは船乗りのもの
　希望が花開く
　パリの空に

Sous le ciel de Paris

　　パリの空の下で
　　陽気な河は流れる（*Hum Hum*）
　　夜の間　眠りにつかせる
　　浮浪者と宿無したちを
5　パリの空の下に
　　神様の鳥たちが（*Hum Hum*）
　　世界中からやって来る
　　みんなでお喋りをするために

　　パリの空には
10　自分だけの秘密がある
　　20世紀も前から　心惹かれている
　　われらのサン゠ルイ島に
　　サン゠ルイ島が　パリの空に微笑むと
　　空は　ブルーの服で身を飾る（*Hum Hum*）
15　パリに雨が降るとき
　　それは　パリの空が悲しんでいるから

　　空が　嫉妬し過ぎるとき
　　無数の恋人たちに（*Hum Hum*）
　　私たちの上で　とどろかせるのは
20　けたたましい雷鳴
　　けれど　パリの空は
　　長い間　つれなくはない（*Hum Hum*）
　　許してもらおうと
　　虹を贈ってくれる

Notes

30　2　***Hum*** :　言葉を濁したり，不信などを表す間投詞で,「ふむ，うん」などの意味で用います。歌手によって2度 Hum をくり返すことがあります。

　　3　**est née** :　naître 生まれる［直説法複合過去形］

　　7　**se construit** :　se construire 建てられる［直説法現在形］。ただし，本書 CD では se poursuit「続く」と歌っています。

　　9　**le pont de Bercy** :　ベルシー橋（パリ東南部にかかる橋）

　12　**par milliers** :　何千となく；とても多く

　15　**épris** :　épris de...　～に夢中になって

　17　**Notre-Dame** :　ノートルダム大聖堂

　18　**couve** :　couver くすぶる［直説法現在形］。本書 CD では coule「流れる」と歌っています。

　19　**Paname** :　パナム Paname はパリ Paris の俗称

　20　**tout** :　すべて

　22　**marinier** :　（川船の）乗組員；船乗り

　24　**ciel** :　本書 CD では cœur「心」と歌っています。

31　6　**oiseaux** :　鳥；連中

　　　le Bon Dieu :　le Bon Dieu 神さま

　12　**Île Saint-Louis** :　サン＝ルイ島（パリのほぼ中央，セーヌ河上の小さな島）

　13　**elle** :　Île Saint-Louis を受ける代名詞

　15　**il pleut** :　雨が降る

　16　**c'est qu'** :　〈c'est que...〉 ～ですから（強調）

　19　**fait gronder** :　（雷雨を）とどろかせる。〈faire ＋ 不定詞〉 ～させる

　23　**se faire pardonner** :　許してもらう。〈se faire ＋ 不定詞〉 ～してもらう

Sous le ciel de Paris

解説

　シンガー・ソングライターであるジャン・ドレジャック（1921～）が作詞し、レイ・ヴァンテュラ楽団でハーモニカを吹いていたユベール・ジロー（1920～）が作曲しました。

　このシャンソンが有名になったのは、1951年に製作されたジュリアン・デュヴィヴィエ監督の映画『巴里の空の下セーヌは流れる』の挿入歌として用いられたことによるものです。

　工場労働者たちがストライキをしているのですが、そのなかのある家族が昼休みに職場のそばのセーヌ河畔で食事をするシーンがあります。そこにアコーディオンを抱えてこのシャンソンを歌いに来る男がいます。彼がジャン・ブルトニエール（1924～）でした。

　映画は、パリに暮らす仕事も年齢も違う人たちの生活をオムニバス風に描きながら、どこかで彼らが何らかの関わり合いがあることを示唆していました。

　主題歌は「パリの心」（作詞：ルネ・ルゾー，作曲：ジャン・ヴィエネル）で、アンドレ・クラヴォーが歌っていました。ところが、「パリの空の下」の人気も出て、こちらが主題歌のようになってしまいました。

　エディット・ピアフ，イヴ・モンタン，ジュリエット・グレコ，ジャクリーヌ・フランソワ（1922～）など多くの歌手が取り上げています。

映画『巴里の空の下セーヌは流れる』より

（歌詞つき） （カラオケ）

À Paris, dans chaque faubourg

Paroles : René Clair. Musique : Jean Grémillon / Maurice Jaubert

À Paris dans chaque faubourg*
Le soleil de chaque journée
Fait* en quelques destinées*
Éclore un rêve d'amour.
5 Parmi la foule un amour se pose
Sur une âme de vingt ans.
Pour elle tout se métamorphose
Tout est couleur de printemps.
À Paris quand le jour se lève*
10 À Paris dans chaque faubourg
À vingt ans on fait des rêves*
Tout est couleur d'amour.

Ils* habitaient le même faubourg
La même rue et la même cour*
15 Il lui lançait* des sourires…
Elle l'aimait sans lui dire.
Mais un jour qu'*un baiser les unit
Dans le ciel elle crut* lire
Comme un espoir infini.

À Paris, dans chaque faubourg

À Paris dans chaque faubourg
Chaque fois que* le jour s'achève*
À l'heure où* naissent* les rêves
Se brise un rêve d'amour.
5 Adieu bonheur, adieu pauvre histoire
Souvenir toujours si fort.
Tout nous sépare et dans la mémoire
Tout est couleur de la mort.
À Paris quand le jour s'achève
10 À Paris dans chaque faubourg
À l'heure où naissent les rêves
Meurt* un rêve d'amour.   {*bis*}

パリ祭

作詞：ルネ・クレール　作曲：ジャン・グレミヨン／モーリス・ジョベール

　パリのどの界隈でも
　日々の太陽は
　何人かの人生に
　恋の夢を花開かせる
5　雑踏のなかで　恋は宿る
　二十歳の心に
　彼女にとっては　すべてが姿を変える
　すべてが　春の彩り
　パリに陽が昇る時
10　パリのどの界隈でも
　二十歳になると　夢を見る
　すべては　恋の色

　二人は　同じ界隈に住んでいた
　同じ通り，同じアパルトマンの中庭越しに
15　彼は　彼女に微笑みかけていた
　彼女は　恋を打ち明けることなく彼を愛していた
　けれど　ある日　キスがふたりを結びつけた
　彼女は　大空の中に見つけたような気がした
　果てしない希望のようなものを

À Paris, dans chaque faubourg

　パリのどの界隈でも
　一日が終わるそのたびに
　夢の数々がが生まれる時刻になると
　ひとつの恋の夢は破れる
5　さようなら幸せ　さようならかわいそうなお話
　思い出はいつでもそれほど強く
　すべては私たちを引き裂く　そして記憶のなかで
　すべては死の色
　パリに日が暮れる時
10　パリのどの界隈でも
　夢の数々が生まれる時刻になると
　ひとつの恋の夢が終わる　（くり返し）

映画『巴里祭』のポスター

Notes

36	1	**faubourg :** （パリなどの旧城壁外にあった）街；周辺部；町はずれ
	3	**fait :** 〈faire + 不定詞〉～させる
		en quelques destinées : いくつかの運命にあって
	9	**se lève :** se lever 起きる［直説法現在形］
	11	**fait des rêves :** 夢を見る
	13	**ils :** 彼らは（男性と女性では，男性複数形になります。ここでは「二人は」の意味）
	14	**cour :** （建物などで囲まれた）庭；中庭
	15	**lançait :** lancer 投げる［直説法半過去形］
	17	**un jour qu'… :** ～のある日
	18	**crut :** 〈croire + 不定詞〉～のような気がする［直説法単純過去形］
37	2	**chaque fois que :** 〈chaque fois que + 直説法〉～するたびに
		s'achève : s'achever 終わる［直説法現在形］
	3	**à l'heure où… :** ～の時に
		naissent : naître 生まれる［直説法現在形］
	12	**meurt :** mourir 死ぬ［直説法現在形］

À Paris, dans chaque faubourg

解説

　ルネ・クレール脚本・監督の映画『巴里祭』（1932年製作）の主題歌。歌詞もルネ・クレール自身が書いています。作曲したのは，他にも『アタラント号』（1934）などの映画音楽を手がけたモーリス・ジョベール（1920～1940）です。

　歌ったのはリス・ゴーティという女性歌手。本名をアリス・ゴーティといい，1908年にパリ近郊のルヴァロワ＝ペレに生まれました。

　同じ頃にシェ・フィシェルでデビューしたリュシエンヌ・ボワイエとは対照的なアルトの声を持ち，その取り合わせが人気を博しました。

　原題にある faubourg（フォーブール）は都市の周縁部を指します。華やかな中心街ではないところに，この映画とシャンソンの庶民的な雰囲気が醸し出されていると言えるでしょう。

　「巴里恋しや」という邦題で，日本コロムビアから発売されたSP『シャンソン・ド・パリ』第1集に収録され，昭和13年（1938）にわが国にも紹介されています。

　哀切なメロディーが印象に残る曲ですね。いまも，7月から8月にかけて日本全国で行なわれるシャンソンの祭典「パリ祭」でも歌い継がれています。

映画『巴里祭』より

Au clair de la lune

　Au clair de la lune
　Mon ami Pierrot
　Prête-moi ta plume
　Pour écrire un mot
5　Ma chandelle est morte
　Je n'ai plus* de feu
　Ouvre*-moi ta porte
　Pour l'amour de* Dieu.

　Au clair de la lune
10 Pierrot répondit* :
　« Je n'ai pas de plume
　Je suis dans mon lit
　Va chez la voisine
　Je crois qu'elle y est
15 Car dans sa cuisine
　On bat le briquet*. »

　Au clair de la lune
　Pierrot se rendort*
　Il rêve à* la lune
20 Son cœur bat* bien fort
　Car toujours si bonne
　Pour l'enfant tout blanc
　La lune lui donne
　Son croissant d'argent.

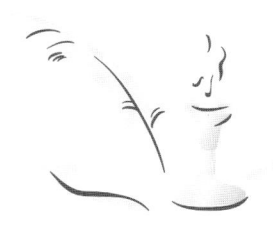

Au clair de la lune

月明かりで

　月明かりの中で
　わが友ピエロよ
　君のペンを貸しておくれ
　ひと言書くために
5　僕のロウソクは消えてしまった
　もう　明かりがない
　扉を開けて
　お願いだから

　月明かりの中で
10　ピエロは答えた
　「僕は　ペンを持っていない
　僕はベッドに入っている
　隣の女性の家に行きなさい
　彼女　居ると思うよ
15　だって　台所で
　人が火を打ち出している」

　月明かりの中で
　ピエロは再び眠りにつく
　彼は　お月様の事をぼんやり考える
20　彼の胸は強くときめく
　だって　いつも　とても親切なんだもの
　まったく汚れのない子のために
　お月様　彼に差し出すのです
　銀色に輝く三日月を

43

Notes

42 6 **n'ai plus :** ne... plus もう〜ない
     7 **ouvre :** ouvrir 開ける ［命令法現在形］
     8 **pour l'amour de... :** 〜のために
    10 **répondit :** répondre 答える ［直説法単純過去形］
    16 **briquet :** （火をおこすために）火を打ち出す道具
    18 **se rendort :** se rendormir 再び寝入る ［直説法現在形］
    19 **rêve à :** rêver à... 〜のことを夢想する ［直説法現在形］
    20 **son cœur bat :** le cœur bat 心臓が鼓動する

本書 CD の 3 番のかわりに，次の歌詞が続くこともあります。

Au clair de la lune	月明かりの中で
L'aimable Lubin	愛想のいいリュバンは
Frappe chez la brune	褐色の髪の娘の扉を叩く
Elle répond soudain :	突然　娘が答える
« Qui frappe de la sorte ? »	そんな風に叩くのは誰なの？
Il dit à son tour :	今度は彼が答える
« Ouvrez-moi la porte	扉を開けて下さい
Pour le Dieu d'Amour. »	お願いですから
Au clair de la lune	月明かりの中で
On n'y voit qu'un peu	そこは　よく見えない
On chercha la plume	二人は　ペンを探した
On chercha du feu.	二人は　明かりを探した
En cherchant de la sorte	そんな風に探していたけど
Je ne sais ce qu'on trouva	私は　二人の見つけたものを知らない
Mais je sais que la porte	でも知っているのは　扉が
Sur eux se ferma.	二人の背後で閉まったこと

Au clair de la lune

解説

　フランスで最も知られた子供の歌ですが，作者不詳です。

　1780年頃からパリで流行したと伝えられています。上流社会でよく踊られていた田園風のコントルダンスのメロディーが使われています。コントルダンスの起源はイギリスの「カントリーダンス」です。

　ピエロはアルルカンと同じように，16世紀に始まったイタリアの仮面即興喜劇コメディア・デラルテの登場人物のひとりです。円錐形の帽子をかぶり，グレーのズボンをはき，長いマフラーを巻いた姿で仮面はつけず，顔を白く塗っています。1673年にパリでジュゼッペ・ジラトーネが演じて以来，白い衣裳で緩やかなシャツを着ることが定着しました。

　ピエロの抱く夢は他愛のないもので，本書CDでは省かれている歌詞（Notes参照）に出てくるふしだらな修道士，リュバンとは対照的なものとされています。

　この歌が広く受け入れられるようになったのは，1877年から採用されたアドリアン・ランダンの「学校の歌」に収録されたからでした。音の連なりが分りやすいため，後にソルフェージュ学習のための教材に使われるようにもなりました。

　可愛らしいけれど，ちょっぴりミステリアスなところもある歌ですね。

briquet（→ Note, p.42-16 参照）

45

🔘 17 （歌詞つき）　🔘 18 （カラオケ）

Douce nuit

Paroles : Joseph Mohr. Musique : Franz Gruber

Douce nuit, belle nuit !
Tout s'endort*, plus de bruit*.
Que* cette nuit si belle en nos cœurs
Soit aussi une nuit de bonheur
5 Pour tous ceux qui espèrent*
En cette nuit de Noël !

Douce nuit, belle nuit !
Les étoiles endormies
Font scintiller de beaux rêves blancs,
10 Illuminent dans le cœur des enfants.
Que tout se réalise
En cette nuit de Noël !   *{bis}*

Douce nuit

きよしこの夜

作詞：ヨゼフ・モール　作曲：フランツ・グルーバー

　静かな夜　美しい夜
　すべてが眠り　音もない
　私たちの心のなかで　この麗しい夜が
　幸せの夜でもあるように
5　望みを抱くすべての人のため
　クリスマスのこの夜に

　静かな夜　美しい夜
　星たちは眠りにつき
　美しい　白い夢をまたたかせ
10　子供たちの心のなかで輝く
　すべてが叶いますように　｝（くり返し）
　クリスマスのこの夜に

47

Notes

46 2 **s'endort :** s'endormir 寝入る［直説法現在形］
plus de bruit : 〈il n'y a plus de + 名詞〉の省略文（→ Notes, p.7-7, p.12-18 参照）
3 **que :** 〈Que + 接続法！〉（願望）どうか〜！
5 **espèrent :** espérer 期待する［直説法現在形］

「きよしこの夜」のオーベルンドルフの礼拝堂

Douce nuit

解説

　1818年のクリスマス・イヴのことです。ザルツブルクの北約15キロほどの所にあるオーベルンドルフの小さな礼拝堂でこの曲は生まれました。

　その年，礼拝堂近くを流れるザルツァハ川が例年のように氾濫しました。聖職者ヨゼフ・モール（1792～1848）がオルガンを弾こうとしたら，パイプが腐食していて音が出ません。ネズミに食われていたからという説もあります。

　巡回修理が来るのは翌週ですから，クリスマス・イヴのミサに間に合いません。オルガン奏者のフランツ・グルーバー（1787～1863）と二人は頭を抱え込んでしまいました。

　モールは自作の詩をグルーバーに渡し，何とか曲をつけてもらえないかと頼みます。グルーバーは勤務先の学校で「ギター伴奏による2人のソリストと合唱のための曲」を書き上げ，その日のうちに楽譜を礼拝堂に持って来ました。

　深夜ミサでモールはギターを弾きながらテノールソロを歌い，グルーバーはバスソロを，聖歌隊は最後の行だけを繰り返しました。「きよしこの夜」の誕生です。

　その歌詞とメロディーは参列者たちの心をとらえ，世界中の人々に親しまれるようになり，今日に至っています。

発音の基礎

1. 母音字の発音

a à â [a] [ɑ]	ami 友だち	là そこ	âme 魂
e [無音] [ə]	vie 生活	madame マダム	menu 定食

◆語末の e は [無音] です。しかし，シャンソンでは一般に発音されます。

[ɛ] [e]	secret 秘密	et そして	durer 続く

◆語尾 -er は，一般に [e] と発音します。

é [e]	éternité 永遠	répéter くり返す	vérité 真実
è ê [ɛ]	chimère 空想	siècle 世紀	rêve 夢
i î y [i]	midi 正午	île 島	stylo 万年筆
o ô [ɔ] [o]	joli きれいな	mot 語	dôme ドーム
u û [y]	lune 月	sur (〜の)上に	sûr 確かな

2. 母音字と母音字の発音

次の母音字と母音字の綴りはひとつの母音として発音します。

ai ei [ɛ]	mai 5月	aimer 愛する	neige 雪
au eau [o]	jaune 黄色の	beau 美しい	château 城館
eu œu [œ] [ø]	bleu 青色の	fleur 花	cœur 心

◆ o の後に e が続くと合字で œ と書きます。

50

発音の基礎

ou	[u]	amour 愛	rouge 赤色の	toujours いつも
oi	[wa]	moi 私	joie 喜び	voilà... そこに〜がある

3. 母音字と m または n の発音

母音字の後に m・n が続いて音節を作ると，それぞれの母音を鼻にかけて発音する**鼻母音**となります。

am an em en	[ɑ̃]	chambre 部屋	vacances 休暇	ensemble 一緒に
im in ym yn	[ɛ̃]	simple 簡単な	matin 朝	symbole 象徴
om on	[ɔ̃]	ombre 陰	bonjour こんにちは	chanson シャンソン
um un	[œ̃]	parfum 香水	un 1	lundi 月曜日

4. 主な子音字の発音

c ç	[k] [s]	café コーヒー	ceci これ	ça あれ；それ

◆c の下にセディユ記号 (¸) がつくと [s] と発音します。

g	[ʒ] [g]	âge 年代	garder 保つ	chagrin 悲しみ
h	[無音] [†気(有)音]	heureux 幸福な	habiter 住む	†huit 8

◆h は発音しませんが，文法上 [無音] と [気(有)音] に区別します。

51

5. 語末の子音字の発音

語末の子音字は一般に発音しませんが，c, f, l, r は発音する傾向があります。

c	[k]	[無音]	lac	parc	blanc	
			湖	公園	白い	
f	[f]	[無音]	actif	chef	nerf	
			積極的な	シェフ	神経	
l	[l]	[無音]	avril	ciel	gentil	
			4月	空	やさしい	
r	[r]	[無音]	mer	cher	premier	
			海	親愛な	最初の	

6. リエゾンとアンシェヌマン

密接な関係にある語群では，発音されない語末の子音字が次の語頭の母音字（または無音のhの次の母音字）と結びついて，一語のように続けて発音されます。これをリエゾンといいます。リエゾンすると，s, x は [z] の音になります。

un‿ami [œ̃nami]　　　deux‿amis [døzami]　　　trois‿amis [trwɑzami]
ある(1人の)友だち　　2人の友だち　　　　　　3人の友だち

密接な関係にある語群では，発音される語末の子音字が次の語頭の母音字（または無音のhの次の母音字）と結びついて，一語のように続けて発音されます。これをアンシェヌマンといいます。

une‿école [ynekɔl]　　une‿heure [ynœr]　　avec‿elle [avɛkɛl]
学校　　　　　　　　　1時(間)　　　　　　　彼女と一緒に

7. エリズィヨン

le, je, ce, de, ne...の語末の e（その他 la の a, si の i も il(s) の前で）は，次の語頭が母音字（または無音のh）で始まるときアポストロフ（'）にかわります。これをエリズィヨンといいます。発音するときは一語として発音します。

×le ami → l'ami [lami]　　　　×le hôtel → l'hôtel [lɔtɛl]
　　　　　　友だち　　　　　　　　　　　　　　ホテル

ミニ文法

1. フランス語の9品詞 *54*
2. 冠詞とその変形 *54*
3. 名詞と品質形容詞の女性構成 *55*
4. 名詞と品質形容詞の複数構成 *55*
5. 所有形容詞 *56*
6. 指示形容詞と疑問（感嘆）形容詞 *56*
7. 基本数形容詞 1から1.000まで *56*
8. 序列数形容詞 1^{er}から10^eまで *57*
9. 人称代名詞の種類 *57*
10. 補語人称代名詞の語順 *58*
11. 指示代名詞 *59*
12. 疑問代名詞 *59*
13. 関係代名詞 *60*
14. 所有代名詞 *60*
15. 副詞的代名詞と中性代名詞 *61*
16. 動詞の種類 *61*
17. 直説法・条件法・接続法の用法 *62*
18. 動詞の単純時制の活用形の語尾 *62*
19. 動詞の複合時制の構成 *63*
20. 過去分詞の性と数の一致 *64*
21. 現在分詞とジェロンディフ *64*

53

1.　フランス語の9品詞

性と数の変化・活用をする品詞	性と数の変化をしない品詞
冠　詞：un ある〜, le その〜	前置詞：à 〜で, dans 〜の中で
名　詞：amour 愛, rêve 夢	副　詞：bien よく, doucement 静かに
形容詞：beau 美しい, heureux 幸せな	接続詞：et そして, mais しかし
代名詞：toi 君, moi 私	間投詞：Oh！ああ, Hum ふふん
動　詞：aimer 愛する, chanter 歌う	

2.　冠詞とその変形

不定冠詞

	単数形 s.	複数形 pl.
男性形 m.	**un**	**des**
女性形 f.	**une**	

定冠詞

	s.	pl.
m.	**le (l')**	**les**
f.	**la (l')**	

部分冠詞

m.	**du**　　(**de l'**)	
f.	**de la** (**de l'**)	

1) 「ある〜」と非限定の名詞の前には**不定冠詞**を用います。
2) 「その〜」と限定された名詞，唯一・総称などを表わす名詞の前には**定冠詞**を用います。
3) 不可算名詞について，「いくらかの〜」と全体量の一部を表わす名詞の前には**部分冠詞**を用います。
4) 母音字または無音のhで始まる名詞の前では（　）内の冠詞を用います。
5) 複数形名詞の前に形容詞が置かれると不定冠詞 des は **de** となります。
   de beaux rêves　　美しい夢
6) 否定文の後で直接目的補語の持つ不定冠詞と部分冠詞は **de** となります。
   Je n'ai pas **de** plume.　　僕はペンを持っていない。
7) 定冠詞 le と les は前置詞 de に先立たれると×de le → **du**，×de les → **des**，前置詞 à に先立たれると×à le → **au**，×à les → **aux** と縮約します。

3. 名詞と品質形容詞の女性構成

語尾	名詞	形容詞
原則は **-e**	ami — ami**e** 友だち	petit — petit**e** 小さい
-e はそのまま	secrétaire — secrétaire 秘書	rouge — rouge 赤い
-er は **-ère**	étranger — étrangère 外国人	cher — chère 親愛な
-en, **-on** は	musicien — musicienne 音楽家	ancien — ancienne 古い
-enne, **-onne**	patron — patronne パトロン	bon — bonne 良い
その他	chanteur — chanteuse 歌手	beau — belle 美しい

1) フランス語の名詞は文法上の区別あるいは天然・自然の性別によって**男性名詞**と**女性名詞**にわかれます。
2) 自然の性別による住民・国籍・身分・職業などを表わす名詞は男性形と女性形があり，上の表に従って語形変化をします。
3) 形容詞も名詞・代名詞の性に従って，男性形と女性形があります。名詞と同じ規則に準じます。

4. 名詞と品質形容詞の複数構成

語尾	名詞	形容詞
原則は **-s**	cerise — cerise**s** 桜んぼ	grand — grand**s** 大きい
-s, **-x** は そのまま	palais — palais 宮殿	mauvais — mauvais 悪い
	prix — prix 値段	heureux — heureux 幸せな
-eau は **-eaux**	château — châteaux 城館	beau — beaux 美しい
-al は **-aux**	animal — animaux 動物	national — nationaux 国民の
その他	monsieur — messieurs 紳士	madame — mesdames 夫人

1) 単数形名詞を複数形名詞にするには上の規則に従って語形変化をします。
2) 女性複数形は，女性形の語末に -s をそえます。語末は **-es** となります。
3) 形容詞も名詞の規則に準じます。

5. 所有形容詞

所有者 \ 被所有物	男性単数名詞	女性単数名詞	男性・女性複数名詞
私の	mon	ma (mon)	mes
きみの	ton	ta (ton)	tes
彼(女)の	son	sa (son)	ses
私たちの	notre		nos
あなた(方)の	votre		vos
彼(女)らの	leur		leurs

1) 所有形容詞は被所有物の名詞の性と数に従って用います。
2) 母音字または無音のhの前では，ma, ta, sa は **mon, ton, son** となります。

6. 指示形容詞と疑問(感嘆)形容詞

	s.	pl.
m.	ce (cet)	ces
f.	cette	

付加: -ci / -là

	s.	pl.
m.	quel	quels
f.	quelle	quelles

1) 母音字または無音のhの前ではce は **cet** となります。
2) 特に遠近・対立などを示すときには名詞の後に **-ci, -là** をそえることがあります。
3) 疑問形容詞は感嘆形容詞としても用います。

7. 基本数形容詞　**1** から **1.000** まで

1 un	2 deux	3 trois	4 quatre
5 cinq	6 six	7 sept	8 huit
9 neuf	10 dix	11 onze	12 douze
13 treize	14 quatorze	15 quinze	16 seize
17 dix-sept	18 dix-huit	19 dix-neuf	20 vingt
21 vingt et un	22 vingt-deux	23 vingt-trois	24 vingt-quatre

30 trente   40 quarante   50 cinquante   60 soixante
70 soixante-dix 80 quatre-vingts 90 quatre-vingt-dix 100 cent
200 deux cents   1.000 mille

1) un に女性形 **une** があります。
2) 17 は 10＋7，18 は 10＋8，19 は 10＋9，70 は 60＋10，80 は 4×20，90 は 4×20＋10，200 は 2×100 のように表現します。
3) 21, 31, 41, 51, 61 では接続詞 et を介して 20 et 1 のように，71 は 60 et 11 と表現します。その他はハイフンで語と語を結びます。

8. 序列数形容詞　1er から 10e まで

1er premier 2e deuxième 3e troisième 4e quatrième 5e cinquième
6e sixième 7e septième 8e huitième 9e neuvième 10e dixième

1) 1er premier には女性形 1ère **première** があります。
2) premier (première) を除いて，序列数形容詞は語尾が **-ième** となります。

9. 人称代名詞の種類

	主 語	直接目的補語	間接目的補語	強勢形
1人称単数「私」	**je (j')**	**me (m')**	**me (m')**	**moi**
2人称単数「きみ」	**tu**	**te (t')**	**te (t')**	**toi**
3人称男性単数「彼・それ」	**il**	**le (l')**	**lui**	**lui**
3人称女性単数「彼女・それ」	**elle**	**la (l')**		**elle**
1人称複数「私たち」	**nous**	**nous**	**nous**	**nous**
2人称単数・複数「あなた(方)」	**vous**	**vous**	**vous**	**vous**
3人称男性複数「彼ら・それら」	**ils**	**les**	**leur**	**eux**
3人称女性複数「彼女ら・それら」	**elles**			**elles**

1) 主語は動詞の活用表の主語として，目的補語は動詞の目的補語として，強勢形は名詞的に用います。

2) 母音字または無音のhの前では（ ）内の代名詞を用います。
3) tu, te, toi は親子・兄弟・姉妹・仲間など親しい間柄で用います。一般には単数でも vous を用い，vous は「あなた，あなた方，きみたち」となります。
4) 3人称は人にも物にも用います。

10. 補語人称代名詞の語順

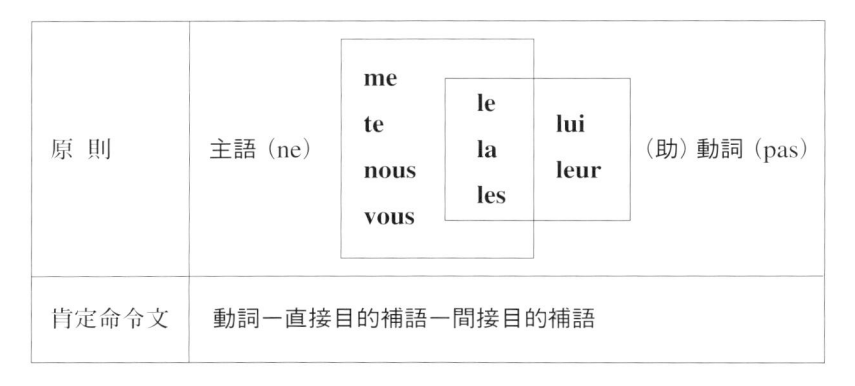

原　則	主語 (ne)	me te nous vous	le la les	lui leur	（助）動詞 (pas)
肯定命令文	動詞－直接目的補語－間接目的補語				

1) 補語人称代名詞は動詞の前におかれますが，肯定命令文に限ってハイフンを介して動詞の後におかれます。
   Je **vous** aime.　私はあなたが好きです。
2) 直接目的補語人称代名詞と間接目的補語人称代名詞が併用される場合は，直接目的補語は le, la, les に限られ，me, te, nous, vous はその前に，lui, leur はその後におかれます。
   Je **vous le** donne.　私はあなたにそれをあげます。
   Je **le lui** donne.　私はそれを彼(女)にあげます。
3) 肯定命令文は，直接目的補語，間接目的補語の順におかれます。
   Dites-**le-lui**.　それを彼(女)に言いなさい。
4) 肯定命令文では me は **moi**，tu は **toi** となります。
   Parlez-**moi** d'amour.　私に愛の言葉を語ってください。

11. 指示代名詞

性と数の変化をしない指示代名詞

ce (c')	ceci	ça
	cela	

性と数の変化をする指示代名詞

	s.	pl.	
m.	celui	ceux	-ci
f.	celle	celles	-là

1) 母音字または無音の h の前では，ce は **c'** となります。
2) ce は動詞 être の主語，関係代名詞の先行詞として用います。
3) とくに遠近・対立などを示す場合には，**ceci**, **cela** を用います。
4) 日常語として ceci, cela にかわって，しばしば **ça** が用いられます。
5) 性と数の変化をする指示代名詞は，前出の名詞の性と数に従います。
6) 前出の名詞がない場合には「人；人びと」となります。
7) とくに遠近・対立などを示すときには，変化する指示代名詞の後に **-ci, -là** をそえることがあります。

12. 疑問代名詞

	主語	直接補語・属詞	間接補語・状況補語
人	qui qui est-ce qui	qui qui est-ce que	前置詞 + qui
物	—— qu'est-ce qui... ?	que (qu') qu'est-ce que	前置詞 + quoi

1) 母音字または無音の h の前では que は **qu'** となります。
2) 人が主語の場合には qui または qui est-ce qui を用います。
3) 物が主語の場合には qu'est-ce qui の複合形しかありません。
4) qui est-ce que, qu'est-ce que を用いる場合には動詞は倒置形になりません。

13. 関係代名詞

先行詞＼働き	主格	直接目的補語	間接目的・状況補語	de を含む補語
人	qui	que (qu')	前置詞 + qui	dont
物	qui	que (qu')	前置詞 + lequel…	dont
時・場所	qui	que (qu')	（前置詞）où	dont

1) 先行詞が関係代名詞に導かれる関係節の主格の場合は qui を用います。
2) 先行詞が直接目的補語の場合は que を用います。
3) 母音字または無音の h の前では que は **qu'** となります。
4) 先行詞が間接目的・状況補語の場合，人ならば qui，物ならば先行詞の性と数に従って lequel, laquelle, lesquels, lesquelles，時・場所ならば où を用います。
5) lequel… などは人や場所などの場合にも前置詞を先立てて用いることがあります。
6) où は前置詞 d', par, jusqu' を先立てることがあります。

14. 所有代名詞

所有者＼被所有物	男性単数名詞	女性単数名詞	男性複数名詞	女性複数名詞
私のもの	**le mien**	**la mienne**	**les miens**	**les miennes**
きみのもの	**le tien**	**la tienne**	**les tiens**	**les tiennes**
彼(女)のもの	**le sien**	**la sienne**	**les siens**	**les siennes**
私たちのもの	**le nôtre**	**la nôtre**	**les nôtres**	
あなた(方)のもの	**le vôtre**	**la vôtre**	**les vôtres**	
彼(女)らのもの	**le leur**	**la leur**	**les leurs**	

1) 所有代名詞は被所有物の名詞の性と数に従って用います。
2) le と les は前置詞 de に先立たれると×de le → **du**，×de les → **des**，前置詞 à に先立たれると×à le → **au**，×à les → **aux** と縮約します。

15. 副詞的代名詞と中性代名詞

en	Vous parlez de votre avenir ? — Oui, j'**en** parle.
	Combien de dictionnaires avez-vous ? — J'**en** ai deux.
y	Vous pensez à votre avenir ? — Oui, j'**y** pense.
	Vous restez en France ? — Oui, j'**y** reste.
le (**l'**)	Vous savez qu'il est malade ? — Oui, je **le** sais.
	Il était riche, mais il ne **l'**est plus.

1) 副詞的代名詞 **en**「そのことを，それを」は〈de + 語句〉または〈数を伴う名詞〉の代用となります。
2) 副詞的代名詞 **y**「そのことを，そこに」は〈à + 語句〉または〈場所を表わす前置詞 + 語句〉の代用となります。
3) 中性代名詞 **le**「それ」は文・節・形容詞などの代用となります。
4) 母音字または無音のhの前で，le は **l'** となります。

16. 動詞の種類

自動詞	直接目的補語を持たない動詞： marcher 歩く, naître 生まれる …
他動詞	直接目的補語を持つ動詞： arrêter 止める, écouter 聞く …
代名動詞	「自分を，自分に」を表わす代名詞 se を伴う動詞： se lever 起きる, s'approcher 近づく …
非人称動詞	3人称単数形の il を文法上の主語とする動詞： falloir 必要である, pleuvoir 雨が降る …
助動詞	他の動詞を助けて時制や態を作る動詞： avoir, être の2つだけ
準助動詞	avoir, être 以外の動詞が不定詞を伴って時期・使役・義務などを示す動詞： devoir 〜しなければならない, faire 〜させる …

17. 直説法・条件法・接続法の用法

直説法	客観的にものごとを述べます	
	現在形：現在を中心に行われている行為	
	半過去形：過去に継続していた行為	
	複合過去形：過去に一時的に完了した行為（口語体）	
	単純過去形： 〃 （文語体）	
	大過去形：過去の前に完了した行為	
	単純未来形：未来に行われる行為	
	前未来形：単純未来の前に完了している行為	
条件法	推測的に，あるいは語調緩和としてものごとを述べます	
	現在形：現在の仮定をもとにその結果を推測します	
	過去形：過去の仮定をもとにその結果を推測します	
接続法	主観的にものごとを述べます	
	現在形：従属節で主節と同時またはそれ以後のことを述べます	
	過去形：従属節で主節より前のことを述べます	

18. 動詞の単純時制の活用形の語尾

直説法		je (j')	tu	il (elle)	nous	vous	ils (elles)
現在形	語尾 -er 動詞	-e	-es	-e	-ons	-ez	-ent
	語尾 -ir 動詞	-is	-is	-it	-issons	-issez	-issent
	その他の動詞	-s	-s	(-t)	-ons	-ez	-ent
		-x	-x	-t			
半過去形	すべての動詞	-ais	-ais	-ait	-ions	-iez	-aient
単純過去形	語尾 -er 動詞	-ai	-as	-a	-âmes	-âtes	-èrent
	語尾 -ir 動詞	-is	-is	-it	-îmes	-îtes	-irent
	その他の動詞	-us	-us	-ut	-ûmes	-ûtes	-urent
単純未来形	すべての動詞	-rai	-ras	-ra	-rons	-rez	-ront

条件法		je (j')	tu	il (elle)	nous	vous	ils (elles)
現在形	すべての動詞	-rais	-rais	-rait	-rions	-riez	-raient

接続法		je (j')	tu	il (elle)	nous	vous	ils (elles)
現在形	すべての動詞	-e	-es	-e	-ions	-iez	-ent

1) avoir, être のように例外的な活用形をとる不規則動詞があります。
2) 語尾 -er 動詞は第1群規則動詞，語尾 -ir 動詞は第2群規則動詞，その他の動詞は第3群不規則動詞と分類されることがあります。
なお，語尾 -ir でも第2群規則動詞に属さない不規則動詞があります。
3) 不規則動詞の中には単数形と複数形とで語幹が異なる動詞があります。

19.　動詞の複合時制の構成

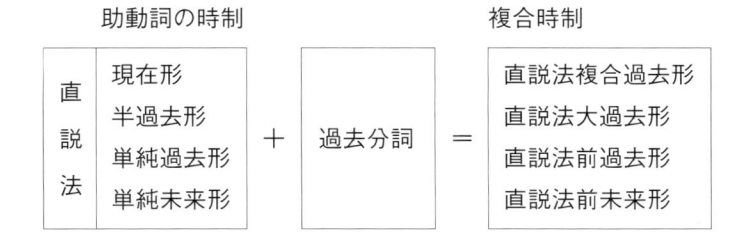

助動詞の時制　　　　　　　　　複合時制

直説法	現在形 半過去形 単純過去形 単純未来形	＋	過去分詞	＝	直説法複合過去形 直説法大過去形 直説法前過去形 直説法前未来形

1) 助動詞は avoir と être の2つです。
2) すべての他動詞とほとんどの自動詞は助動詞に avoir を用います。
3) 助動詞に être を用いる動詞は，場所・状態の移動を示す aller「行く」と venir「来る」，partir「出発する」と arriver「到着する」，sortir「外出する」と entrer「入る」，naître「生まれる」と mourir「死ぬ」など，いくつかの自動詞です。
4) 代名動詞も助動詞に être を用います。
5) 条件法過去形，接続法過去形は直説法複合過去形に準じます。

20. 過去分詞の性と数の一致

助動詞に **être** を用いた過去分詞：
Il est allé à Paris et elle est all**ée** à Lyon.
彼はパリに行き，彼女はリヨンに行きました。
直接目的補語が前にある過去分詞：
J'ai acheté ces cartes ; je les ai achet**ées** à Marseille.
私はこれらの絵はがきを買いました。マルセイユでこれを買ったのです。
受動態の過去分詞：
Il est aimé et elle est aim**ée** ; ils s'aiment.
彼は愛され，彼女も愛されてます。ふたりは愛し合っています。
代名動詞の過去分詞：
Ils se sont salu**és** mais ils ne se sont pas parlé.
彼らは挨拶をしましたが，話はしませんでした。

1) 過去分詞の一致では，女性形は **-e**，複数形は **-s** を語末にそえます。
2) 代名動詞の過去分詞は，再帰代名詞が間接目的補語の場合は性と数の一致はしません。saluer A「Aに挨拶する」，parler à A「Aに話す」と動詞の要求する目的補語によって，seの内容を判断します。

21. 現在分詞とジェロンディフ

	直説法現在形	現在分詞	ジェロンディフ
語尾 -er 動詞	nous parl*ons*	**parlant**	**en parlant**
語尾 -ir 動詞	nous finiss*ons*	**finissant**	**en finissant**
その他の動詞	nous pren*ons*	**prenant**	**en prenant**

1) 直説法現在形のnousの人称の語尾-onsを **-ant** にすると現在分詞になります。avoir, êtreのように例外的な不規則動詞があります。
2) 現在分詞は，「〜ので」「〜するところの」「〜ながら」と形容詞的に働きます。
3) 現在分詞にenを先立てた **en 〜 ant**（現在分詞）はジェロンディフとよばれ，口語体で「〜しながら」と副詞的に働きます。

編著者紹介

大野修平（おおの　しゅうへい）
　シャンソン評論家．
　1952年，東京生まれ．立教大学フランス文学科卒業．
　シャンソン・フランセーズのCD解説・対訳のほか，G. ベコー，
　C. アズナヴール，G. ムスタキなど来日歌手の通訳を務める．
　「Web サ・ガーズ」(http://la-chansonet.com)で情報発信中．

野村二郎（のむら　じろう）
　筑波大学名誉教授．フランス言語文化主専攻．
　1928年，東京生まれ．早稲田大学，図書館情報大学等でフランス
　語とフランス文化，リヨン第III大学で日本文化のクラスを担当．
　著書：『フランス文法入門ハンドブック』(第三書房)，その他．

シャンソンで覚えるフランス語 -1

2003年2月15日　初版印刷
2003年2月20日　初版発行

編著者　　大　野　修　平
　　　　　野　村　二　郎
発行者　　藤　井　嘉　明
組版所　　Global Engineers' Inc.
印刷所　　株式会社　粂川印刷

発行所　有限会社　第三書房　〒162-0805　東京都新宿区矢来町106
　　　　　　　　　　　　　　　Tel. (03) 3267-8531 (代)　振替 00100-133990

落丁・乱丁本はお取り替えいたします　　　　　Printed in Japan

ISBN4-8086-0280-6

シャンソンで楽しく身につく発音とリズム
新訂 フランス語で歌いましょう
―発音のてびき―

福井芳男 著

フランス語の発音を身につけ，かつフランス的な感覚を知るのにフランス語の歌を覚えることほどよいものはありません．フランスでよく歌われている民謡・伝統的な歌を30曲集めました（*Au clair de la lune, Sur le pont d'Avignon, Le temps des cerises, A la claire fontaine, Ma Normandie, Chevaliers de la table ronde,* etc.）．豊富な発音練習とくわしい解説でフランス語の発音を確実に身につけます．

A5判 186頁 1600円
別売カセット（C-60, 2巻） 各1500円

フレンチポップス34曲で磨くフランス語感覚
ヌーヴェルシャンソンで楽しむ
現代フランス語スケッチ

J.-C. ドゥマリ／長野　督／西山教行／J.-C. カルヴェ 共著

シャンソンからロック，ラップまで，現在活躍中のアーティストのヒット曲34曲を2枚組CDに収録．音楽を楽しみながらフランス語のリズムや魅力，さらに言葉の背景にある文化・社会を学ぶユニークな教材（仏日バイリンガル構成）．収録：パトリシア・カース，リアンヌ・フォリー，アラン・バシュング，シャルル＝エリ・クチュール，エンゾ・エンゾ，ゴールドマン，ステファン・エシェール，トントン・ダヴィッド，MCソラー，Soon E MC, IAM, ネグレス・ヴェルト，他

B5判 176頁＋別冊96頁 2枚組CD付 8000円

●本広告の価格は消費税抜きです．別途消費税が加算されます．